VENTE
Du Samedi 15 Juin 1912
HOTEL DROUOT, SALLE N° 1
A TROIS HEURES

COLLECTION du Marquis de Victoire de Heredia

TABLEAUX

Me Henri BAUDOIN
COMMISSAIRE-PRISEUR

M. Georges SORTAIS
EXPERT

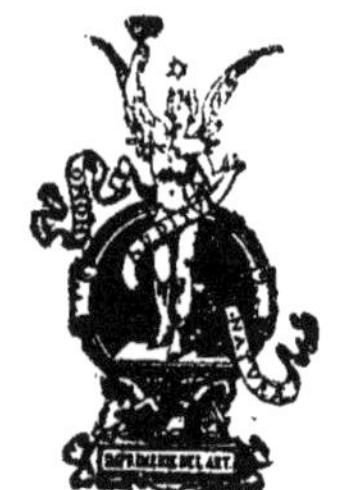

CATALOGUE

DES

TABLEAUX

Par :

APPIAN, BELLANGÉ, BREUGHEL DE VELOURS, ALLORI DI BRONZINO
CIGNANI, CORNEILLE CORNÉLISZ DIT CORNEILLE VAN HAARLEM
DELAFOSSE, DOSSI, FRANCK LE VIEUX, FRIEDLANDER, GOYA, HERRERA
JOANÈS (VINCENT), JOANÈS (JUAN DE), LACROIX DE MARSEILLE
LONGHI, LOPEZ, LUCAS, MOERENHOUT, PRÉVOST LE JEUNE, RIGAUD (H.)
SENAVE, VERROCHIO, WINKEBOONS, WYNANTS (JEAN)

COMPOSANT LA COLLECTION

de Monsieur le Marquis de Victoire de Heredia

ET DONT LA VENTE AURA LIEU A PARIS

HOTEL DROUOT, SALLE Nº 1

LE SAMEDI 15 JUIN 1912

A TROIS HEURES

COMMISSAIRE-PRISEUR	EXPERT
Mᵉ Henri BAUDOIN	**M. Georges SORTAIS, Peintre**
Successeur de M. P. CHEVALLIER	*Expert près le Tribunal civil de la Seine*
10, rue de la Grange-Batelière	11, rue Scribe

EXPOSITION PUBLIQUE

Le Vendredi 14 Juin 1912, de 1 heure et demie à 6 heures

CONDITIONS DE LA VENTE

Elle sera faite au comptant.

Les adjudicataires paieront *dix pour cent* en sus des enchères.

Paris. — Imp. de l'Art, Ch. Berger, 41, rue de la Victoire.

DÉSIGNATION

APPIAN

1 — *Bergère rentrant son troupeau.*

Signé à gauche en bas.

Toile. Haut. 30 cent.; larg., 45 cent. 1/2.

BELLANGÉ

(EUGÈNE)

2 — *Le Joueur de cornemuse.*

Signé à gauche en bas et daté : *1859.*

Toile. Haut., 40 cent.; larg., 32 cent.

BREUGHEL DE VELOURS
ET
VAN KESSEL

3 — *Les Animaux de l'Arche.*

Au premier plan, parmi les fleurs épanouies et l'herbe grasse du sol, les animaux s'ébattent en paix. Seul le lion à gauche manifeste quelque fureur. Sur les branches des arbres, les oiseaux donnent le concert. Au fond, sur le fleuve, l'Arche attend et, par un plan incliné, déjà des bêtes prudentes vont y chercher accès. Le ciel est lumineux au-dessus d'une campagne enchanteresse.

Panneau. Haut., 40 cent. 1/2; larg., 55 cent. 1/2.

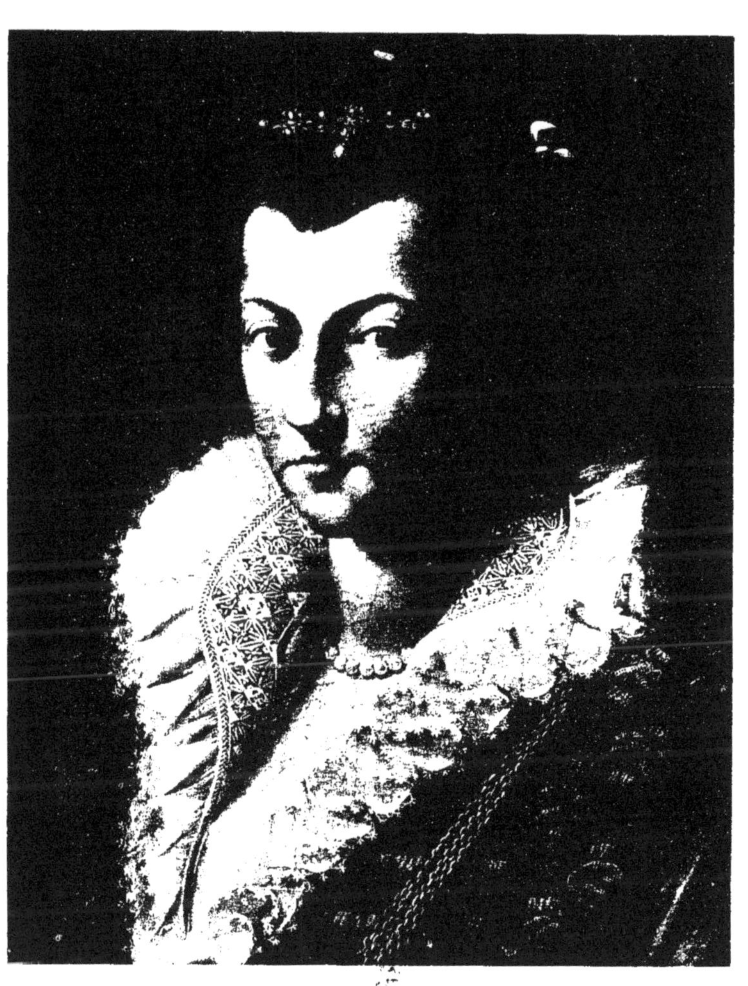

BRONZINO

(ANGELO DI COSIMO, DIT IL)

4 — *Portrait présumé de Bianca Cappelo.*

Elle est représentée, de trois quarts à gauche jusqu'à la poitrine, en costume rouge à passementerie d'or : l'ouverture de ce corsage, qui laisse apercevoir un rang de perles autour du cou, est garni d'une demi-fraise en batiste blanche garnie de point coupé et soutenue par des fils d'archal : une chaîne d'or à petits maillons pèse sur l'épaule et descend devant la poitrine.

La jeune femme, d'une beauté sévère, avec des yeux volontaires et une bouche sensuelle, porte sur ses cheveux roux, dessinant une pointe au milieu du front, une coiffure enrichie d'or et de perles.

Panneau. Haut., 47 cent.; larg., 38 cent.

CIGNANI
(CHARLES)

5 — *Amours et satyrions.*

C'est, à l'aide de figures d'enfants, toute l'image de la vie ; le tonneau des folles ivresses, la source qui rend les prés féconds, puis les luttes, les rires, les jalousies, jusqu'au bandeau qui rend les yeux aveugles et cela quand le petit satyre couronné de pampres tient d'une main, que l'ivresse fait trembler, le flambeau des amours éternelles.

Toile. Haut., 65 cent.; larg., 88 cent.

CIMABUE
(École de)

6 — *La Vierge, l'Enfant Jésus et saint Jean l'Areopagite.*

Les trois figures sont représentées dans l'attitude de la bénédiction et de la prière. Les costumes portent de nombreuses broderies dont les courbes expriment des chrismes. Les figures, qui sont entourées de nimbes engravés, se détachent sur un fond d'or.

Panneau. Haut., 40 cent.; larg., 30 cent. 1/2.

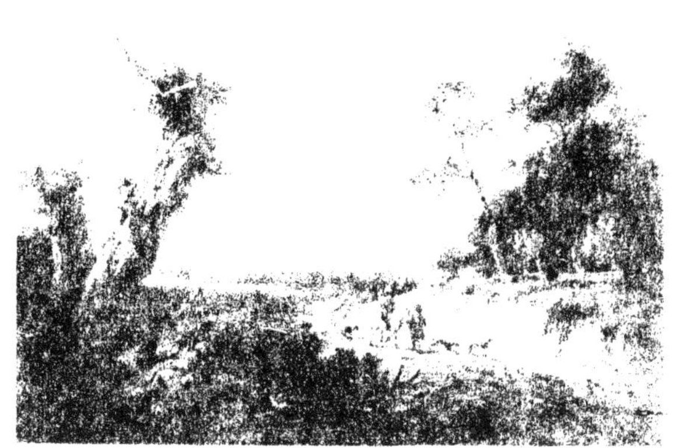

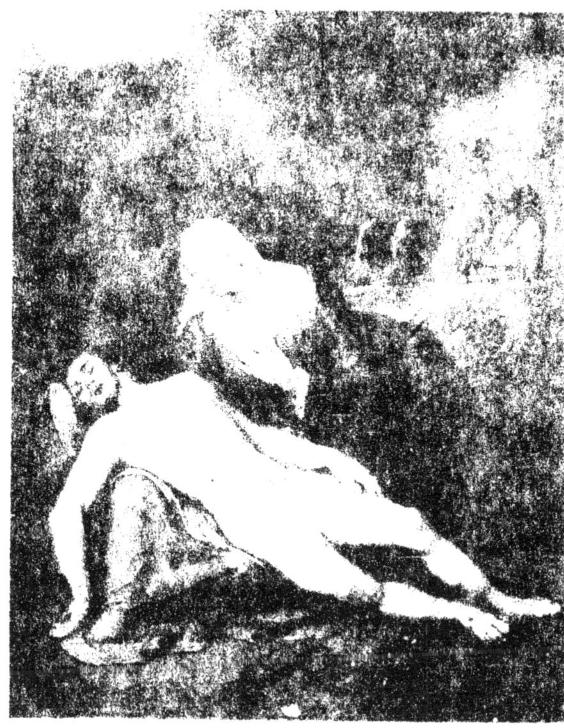

CIGNANI

[illegible]

CIMABUE

La Vierge, l'Enfant Jésus et saint Jean [illegible]

[illegible]

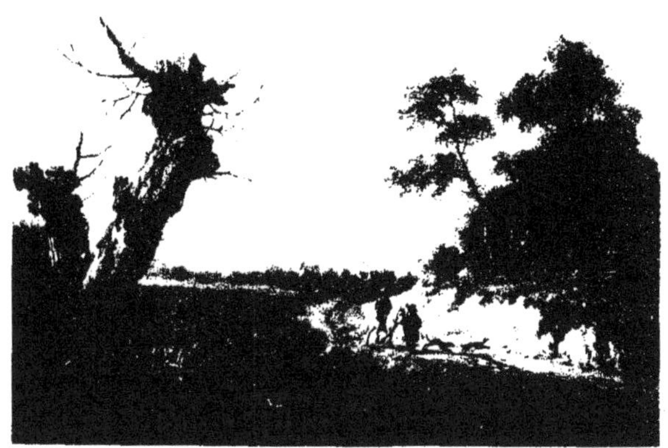

51

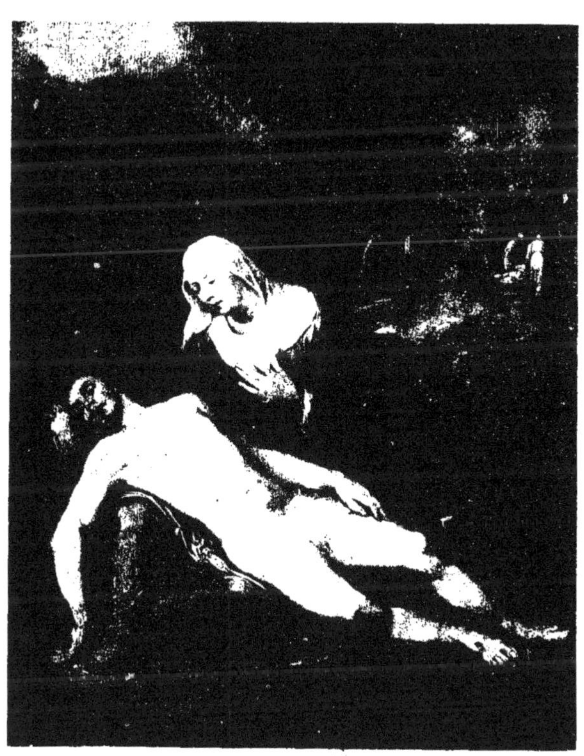

8

COLIN DE COTER

(Attribué à)

7 — *La Fuite en Égypte.*

Cadre en os gravé, écaille et ornements de cuivre ciselé.

Panneau. Haut., 15 cent.; larg., 11 cent.

CORNEILLE CORNELISZ

(Dit CORNEILLE VAN HAARLEM)

8 — *Le Christ mort sur les genoux de la Vierge.*

Le crucifié est étendu, mort, sur les genoux de la Vierge, qui incline vers lui sa tête douloureuse, tandis qu'elle comprime sous sa main gauche son cœur angoissé. Au premier plan sur le sol, le peintre a représenté les instruments de la Passion : la tenaille, le marteau, les clous et la couronne d'épines. Au fond à gauche, on aperçoit le Calvaire; à droite, la mise au tombeau.

Signé vers le bas, à droite du monogramme *C. H.* et daté : *1629.*

Panneau. Haut., 44 cent.; larg., 37 cent.

DELAFOSSE
(CHARLES)

9 — *Nymphes et satyres.*

Autour d'un dieu Pan, protecteur d'un bois sacré, les satyres et les nymphes s'en donnent à cœur joie de fêter l'ivresse de la vie, tandis que de jeunes amours et des satyrions espiègles montent à l'assaut d'un vase pour y suspendre des guirlandes, ou se plaisent à chevaucher un vieux bouc. Et dans le ciel il y a de l'azur, de l'atmosphère fluide et du rêve.

Toile. Haut., 67 cent.; larg., 33 cent.

DOSSI
(DOSSO)
(École de FERRARE)

10 — *Portrait d'un Chef d'armée.*

Il est représenté jusqu'à la poitrine en armure d'acier et surcot de drap brodé. Il est coiffé d'un bonnet noir égayé d'un affiquet d'or.

Toile. Haut., 47 cent.; larg., 41 cent.

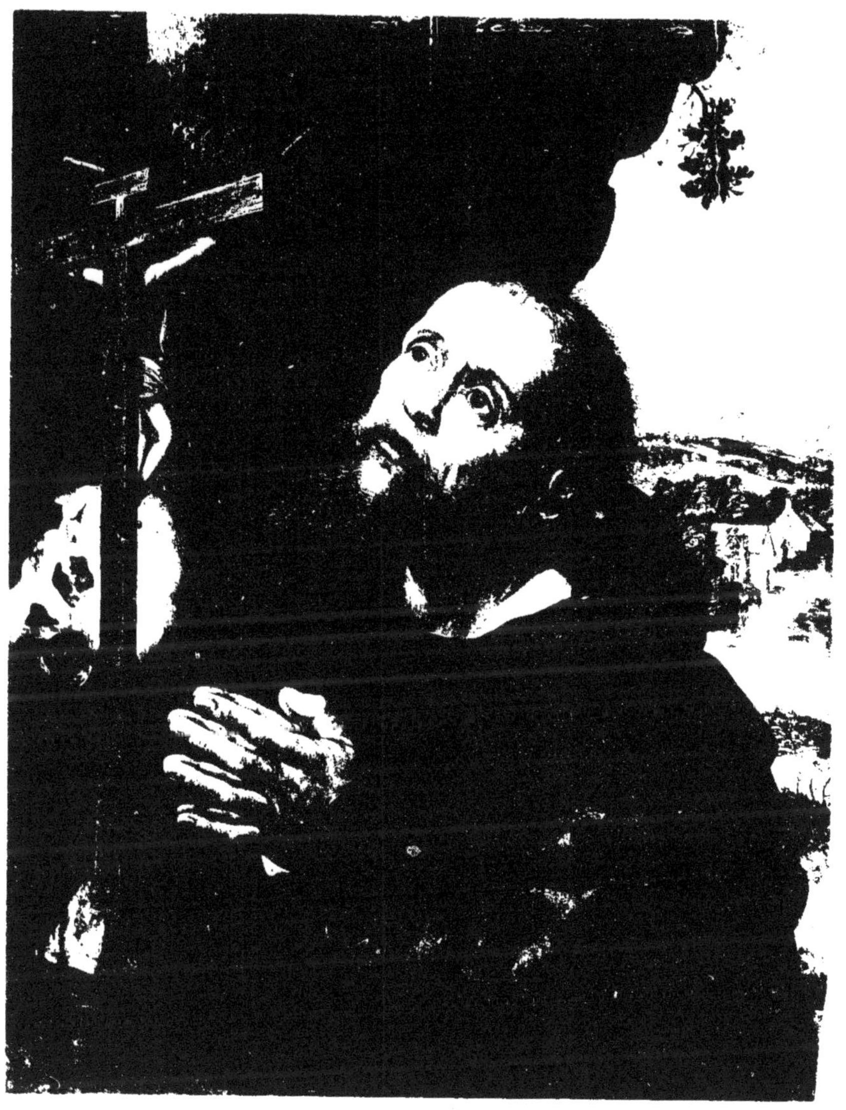

DURER

(École d'ALBERT)

11 — *Saint Jérôme.*

Le saint est représenté jusqu'à la poitrine en prières, les mains jointes, la tête extatique, à l'entrée d'une grotte ; il est vêtu d'un pallium de pourpre. Devant lui, un crucifix et une tête de mort. Sa silhouette se détache sur un fond de paysage que l'on aperçoit de l'entrée de la grotte. A gauche en bas sur le pied de la croix, on lit le monogramme d'*Albert Dürer*.

Panneau. Haut., 66 cent.; larg. 51 cent. 1/2.

ÉCOLE ALLEMANDE

12 — *Portrait d'une Princesse.*

Toile. Haut., 94 cent.; larg., 71 cent. 1/2.

ÉCOLE ANGLAISE

(XVIIIe siècle)

13 — *Les Toits de chaume.*

Au bord du chemin qui longe les prés, le village aligne ses maisonnettes coiffées de chaume. A droite, un bonhomme vient de croiser une paysanne et continue de causer en s'éloignant. Ciel bleu où s'envolent des nuages gris et lumineux.

Toile. Haut., 38 cent.; larg., 46 cent.

ÉCOLE ESPAGNOLE

(XVIIe siècle)

14 — *Saint Antoine et l'Enfant Jésus.*

Le saint presse contre lui l'Enfant Jésus, et tient de sa main droite une branche de lys symbolique.

Toile. Haut., 23 cent.; larg., 18 cent.

ÉCOLE FLAMANDE

(XVIIe siècle)

15 — *A la porte de l'Auberge.*

Devant la porte ouverte, un homme en costume rouge et bleu vient d'arrêter son cheval blanc et cause avec un compagnon assis dans l'herbe et dont le chien aboie. A droite, une paysanne semble emplir un récipient ; ciel bleu.

Panneau. Haut., 18 cent. 1/2 ; larg., 23 cent.

ÉCOLE FLAMANDE

16 — *Pâturage.*

Dans un pâturage, le peintre a réuni autour d'un tronc d'arbre, à l'effet pittoresque, un âne, une vache, une chèvre, une brebis, un bouc, etc.

Panneau. Haut. 42 cent.; larg., 60 cent.

ÉCOLE FRANÇAISE

(XVIIe siècle)

17 — *Portrait d'une Princesse.*

Elle est vue jusqu'à la poitrine en costume marron, aux manches garnies d'hermine : elle est jolie avec son petit menton creusé d'une fossette, sa bouche fine, ses grands yeux bleus et son visage aux joues pleines qui s'encadrent de cheveux blonds bouclés, agrémentés d'une chaînette d'or que retient un bouquet de plumes à aigrette. Elle a une chaîne autour des épaules et un rang de perles autour du cou. La figure se détache sur un fond gris.

Panneau. Haut., 34 cent.; larg., 22 cent.

ÉCOLE FRANÇAISE

(XVIIIe siècle)

18 — *Le Christ sur la croix.*

Toile. Haut., 31 cent.; larg., 23 cent.

ÉCOLE FRANÇAISE

(XIXe siècle)

19 — *Tendresse maternelle.*

Toile. Haut., 62 cent. 1/2; larg., 50 cent.

ÉCOLE FRANÇAISE

(XIXe siècle)

20 — *Portrait d'Homme.*

Toile de forme ovale.

Haut., 50 cent.; larg., 40 cent.

ÉCOLE FRANÇAISE

(XIXe siècle)

21 — *Portrait de Femme.*

Toile de forme ovale.

Haut., 50 cent.; larg., 40 cent.

EYCK

(École d'HUBERT VAN)

22 — *La Vierge et l'Enfant Jésus.*

Dans une Église, la Vierge apparaît debout, portant l'Enfant Jésus. Elle est vêtue d'une palla bleu foncé et ses cheveux blonds tombant en longues tresses sur ses épaules, portent un diadème d'or enrichi de pierreries. Au fond, on aperçoit, de l'autre côté d'un jubé, un ange du neuvième chœur qui chante la gloire de la Vierge et se tient debout avec un autre ange en chappe devant un lutrin. La figure de la Vierge s'enveloppe de lumière sous la grande nef aux voûtes élancées du sanctuaire.

Panneau de forme ogivale.

Haut., 40 cent. 1/2; larg., 23 cent. 1/2.

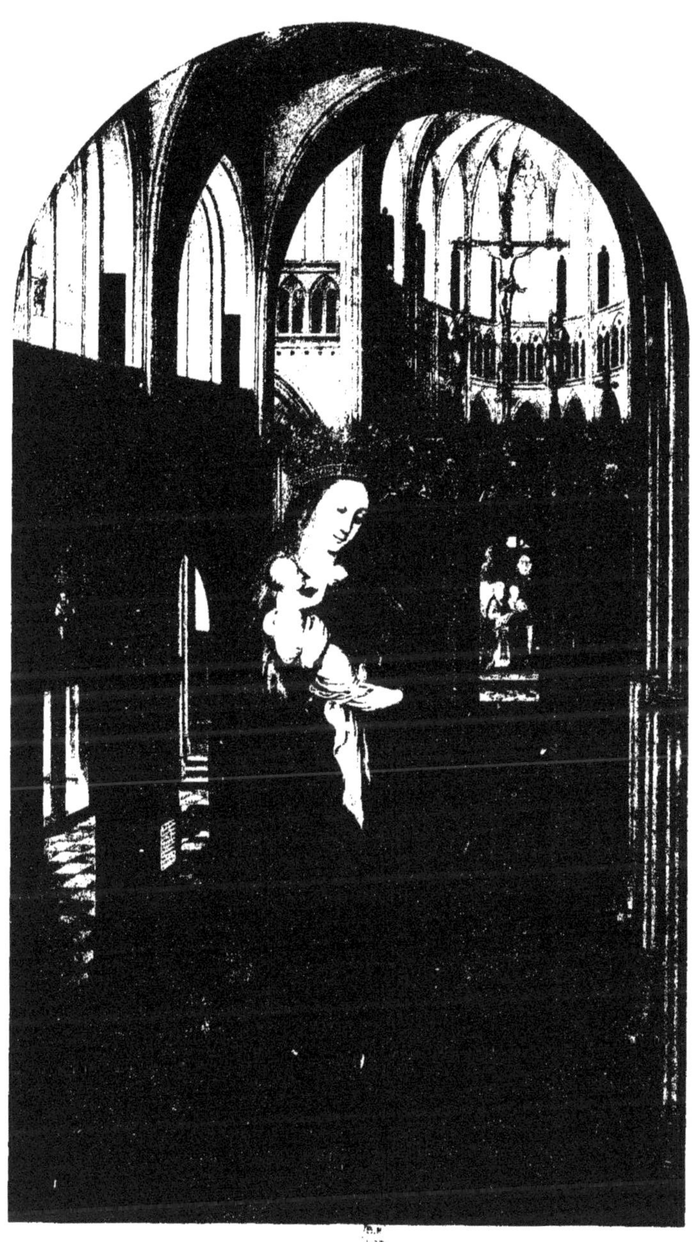

FRANCK LE VIEUX

23 — *La Vierge promettant le ciel à saint François.*

La Vierge debout apparaît à saint François et lui fait voir dans un tableau son image portant l'auréole sainte. Un ange du chœur des vertus soutient l'image, tandis que sainte Salomé debout près de la Vierge porte le vase d'aromates, et Saint François à genoux exprime à la Vierge sa dévotion reconnaissante.

Panneau. Haut., 39 cent.; larg., 27 cent. 1/2.

FRIEDLANDER

24 — *Les Recruteurs.*

Signé à gauche en bas.

Toile. Haut., 51 cent.; larg., 90 cent.

GOYA

(FRANCESCO)

25 — *Portrait de la Marquise de San Andrés.*

Elle est représentée assise sur un siège élevé et vue de trois quarts à gauche jusqu'aux genoux. Elle est vêtue d'une jupe blanche à plis amples et d'un corsage rouge garni de fourrure. Son visage grave est encadré de cheveux noirs frisés. Les yeux ont un regard aigu ; la bouche aux lèvres fines est indicatrice de volonté ; le nez est mince avec des narines palpitantes ; le menton est délicat et termine en élégance le visage au large front. Dans l'écartement du corsage, on aperçoit une chemisette blanche bordée de dentelles. La marquise porte des boucles d'or aux oreilles. Son bras gauche est ployé, la main prenant son point d'appui à la ceinture. Le bras droit pend naturellement. La main à la hauteur du genou tient une rose. La figure se détache sur un fond de draperie bleue en partie relevée.

Signé à gauche vers le milieu : *Goya, 1790.*

Toile. Haut., 1 m. 01 cent. ; larg., 79 cent.

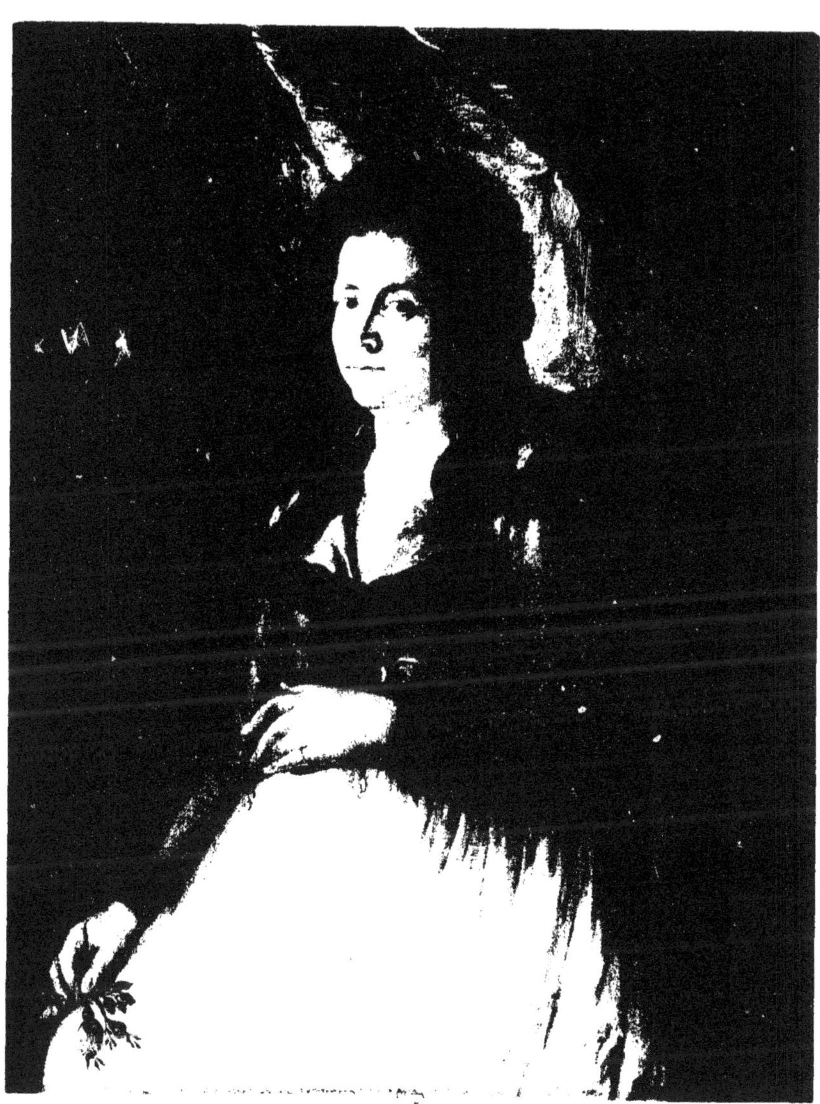

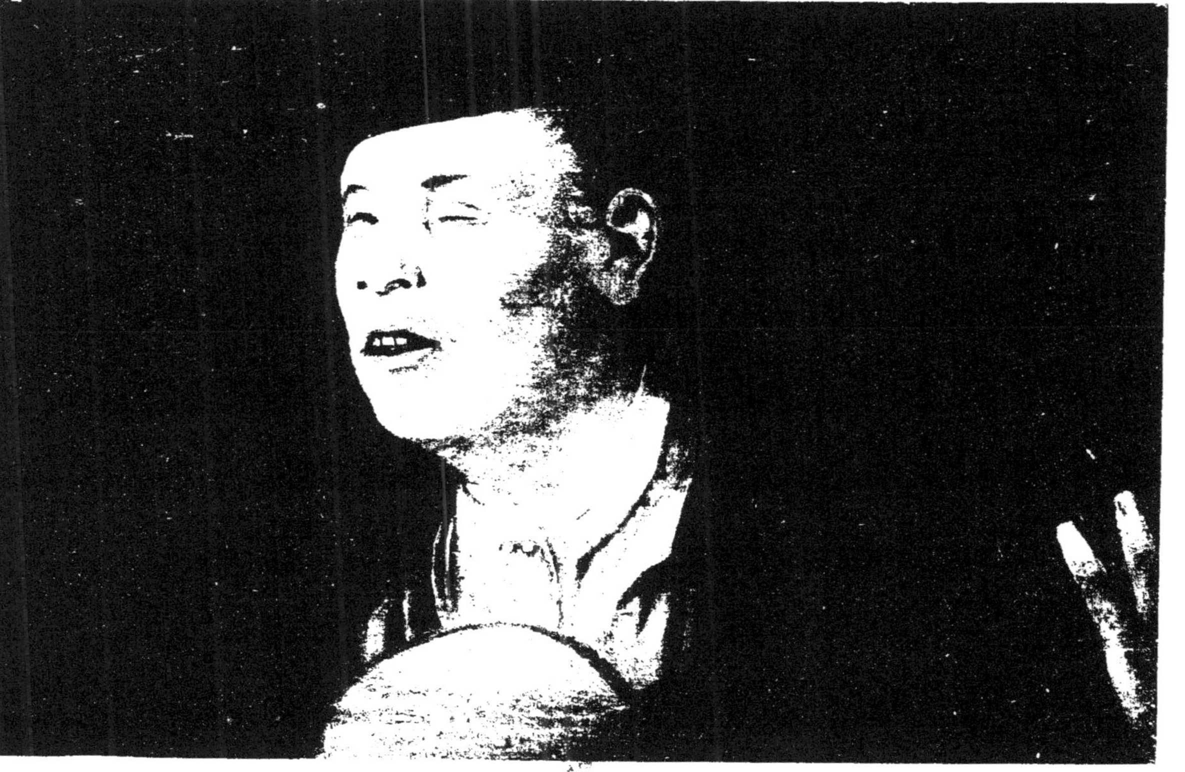

GOYA

26 — *L'Espagnol à la guitare.*

Il est vu de trois quarts à gauche jusqu'à la poitrine. Il chante en s'accompagnant sur la guitare, dont on n'aperçoit qu'une partie. Il ferme l'œil gauche et laisse planer un regard vague dans son œil droit. Il est coiffé d'un chapeau noir et vêtu d'un costume brun ouvert sur une chemise blanche.

Le ton du visage est d'une extrême vivacité, et le dessin de la bouche aux dents apparentes est d'une belle maîtrise.

Toile. Haut., 41 cent.; larg., 56 cent.

GOYA

27 — *Le Martyre de saint Pierre*

Celui qui fut le premier vicaire du Christ vient d'être attaché sur la croix et les hommes hissent l'instrument du martyr de telle sorte que le saint soit exposé la tête en bas. Toute l'œuvre s'enveloppe d'ombre. Seul le corps du supplicié apparaît en pleine lumière. Dans le fond, par un caprice d'artiste, Goya a représenté, dans l'ombre, le fort Saint Ange déjà !

Toile. Haut., 48 cent.; larg., 36 cent. 1/2.

HERRERA

(ALONZO DE)

28 — *La Vierge et l'Enfant Jésus.*

La vierge debout, en stola rouge et palla bleue, marquée de la croix et de l'étoile d'or, porte, sur ses deux bras, l'Enfant Jésus chaussé de sandales et qui de la main droite dessine de l'index et du médius un signe de bénédiction. Les deux têtes entourées d'un nimbe d'or à rayons et à flamme se détache sur un fond de ciel ennuagé.

Signé à droite en bas : ***A[1] de Herrera***.

Panneau. Haut., 33 cent.; larg., 23 cent.

ÉCOLE HOLLANDAISE

(XVIIe siècle)

29 — *Raisins et pêches.*

Sur le bord d'un balcon en partie couvert d'un velours bleu, le peintre a posé un plat de métal dans lequel se trouvent des pêches, du raisin, des cerises, une prune et un verre à pied à demi-rempli de vin.

Sur le velours bleu, il y a un citron à demi-peluré et près du plat de métal une demi-tranche de citron transparente comme une dentelle.

Toile. Haut., 23 cent.; larg., 35 cent.

JOANÈS

(VINCENT)

30 — *L'Adoration des bergers.*

La Vierge écarte le lange dans lequel l'Enfant Jésus est couché, tandis que devant lui un ange du neuvième chœur s'agenouille, les mains jointes. Autour de ce groupe, les bergers sont en adoration et de l'autre côté de l'étable on aperçoit le ciel qui s'illumine de la lumière nouvelle.

Panneau aux angles cintrés.

Haut., 55 cent.; larg., 39 cent.

JOANÈS

(JUAN DE)

31 — *Le Christ.*

Il est vu à mi-jambes presque de face, tourné vers la droite, vêtu d'une robe rouge, la main droite levée, en un geste de bénédiction.

Bois. Haut., 1 m. 18 cent.; larg., 83 cent.

LACROIX DE MARSEILLE

(Deux pendants)

32 — *Les Lavandières.*

— *Les Pêcheuses.*

Toiles de forme ovale.

Haut., 53 cent.; larg., 66 cent.

LONGHI

33 — *L'Aveu indiscret.*

Toile. Haut., 40 cent.; larg., 33 cent.

LOPEZ

34 — *La Partie de cartes.*

Ils sont six en train de jouer, et, à la physionomie de l'un d'eux, on devine que le coup est laborieux et discuté.

Toile. Haut., 39 cent.; larg., 53 cent.

LUCAS

35 — *Types de mendiants et de brocanteurs espagnols.*

Signé à droite en bas de l'initiale : *L.*

Toile. Haut., 31 cent. 1/2 ; larg., 25 cent. 1/2.

MOERENHOUT

(École flamande)

36 — *Le Traîneau.*

C'est l'hiver ; le canal est pris et sur la glace voici qu'un cheval va tirer un traîneau. Les conducteurs se tiennent tout près : l'un, vu de dos, tient un harpon de la main gauche. Dans le ciel, des nuées grises s'envolent sous un ciel lumineux.

A gauche en bas, signé : *Mœrenhout.*

Panneau. Haut., 21 cent.; larg., 30 cent.

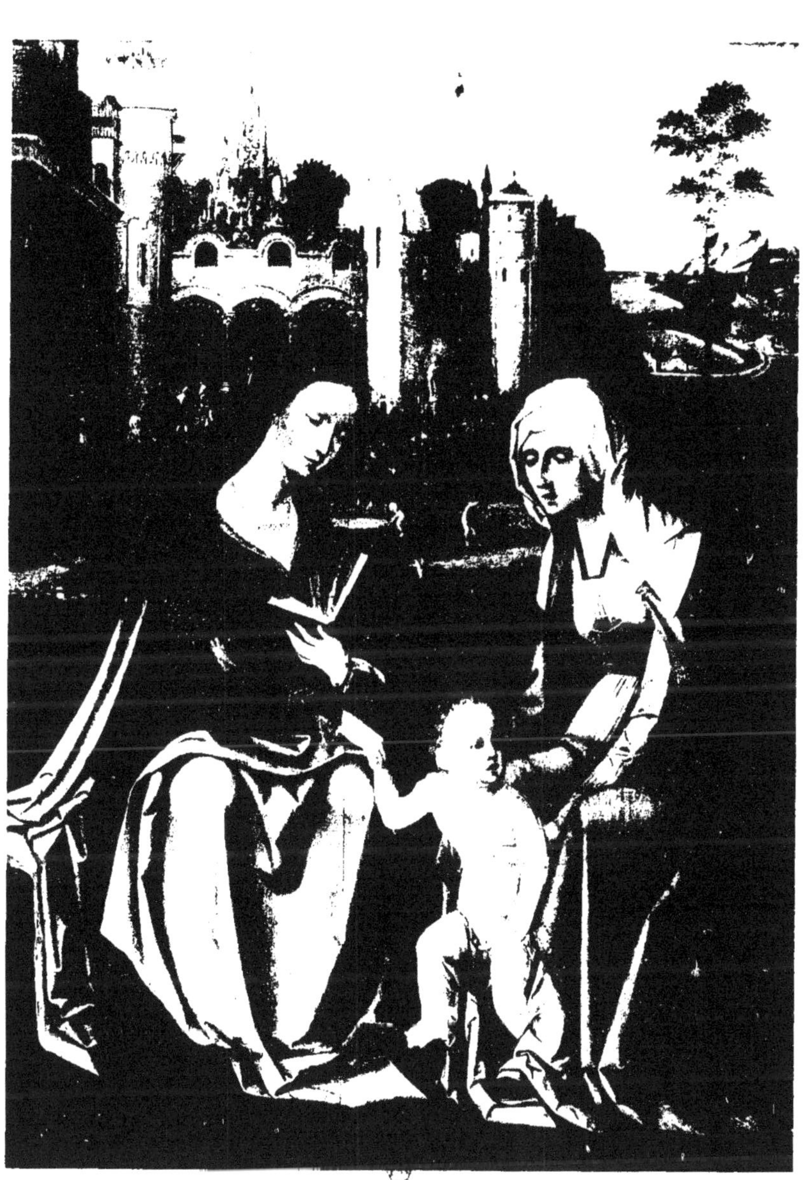

ÉCOLE NÉERLANDAISE

(xvie siècle)

37 — *Le Mariage mystique de sainte Catherine d'Alexandrie.*

La Vierge est assise à droite, dans un costume réel du xvie siècle, auquel pour la tradition le peintre a joint une palla rouge à passementerie d'or. Elle est vue de trois quarts à gauche et elle tient devant elle, presque debout, l'Enfant Jésus qui donne sa main à sainte Catherine d'Alexandrie, assise à gauche et vue de trois quarts à droite.

Sainte Catherine est richement vêtue d'un costume bleu vert à manches roses, d'une chemisette passementée d'or et d'une ample palla bleu de ciel ; ses cheveux roux tombant en tresses ondulées sur ses épaules sont ceints d'un cercle de métal enrichi de chatons de perles et de pierreries. De sa main gauche, sainte Catherine porte un livre de prières. Derrière les trois figures principales, se trouve une ville avec un château, un beffroi, avec des fontaines monumentales. Dans le ciel au-dessus de Jésus, on aperçoit dans les nuages un Père Éternel et la colombe du Saint Esprit.

Au premier plan, toute une série d'éléments naturels traités avec un réalisme extraordinaire.

Panneau. Haut., 69 cent.; larg., 40 cent.

ÉCOLE NÉERLANDAISE

(XVIe siècle)

38 — *Le Calvaire.*

Le drame vient d'être consommé et dans le fond le cortège s'éloigne. Au premier plan, le Christ vient d'expirer sur la croix. Madeleine baise les pieds du crucifié, tandis qu'à droite et à gauche, la Vierge et saint Jean l'évangéliste manifestent leur grande douleur.

Monogramme.

Panneau. Haut. 55 cent. 1/2; larg., 46 cent.

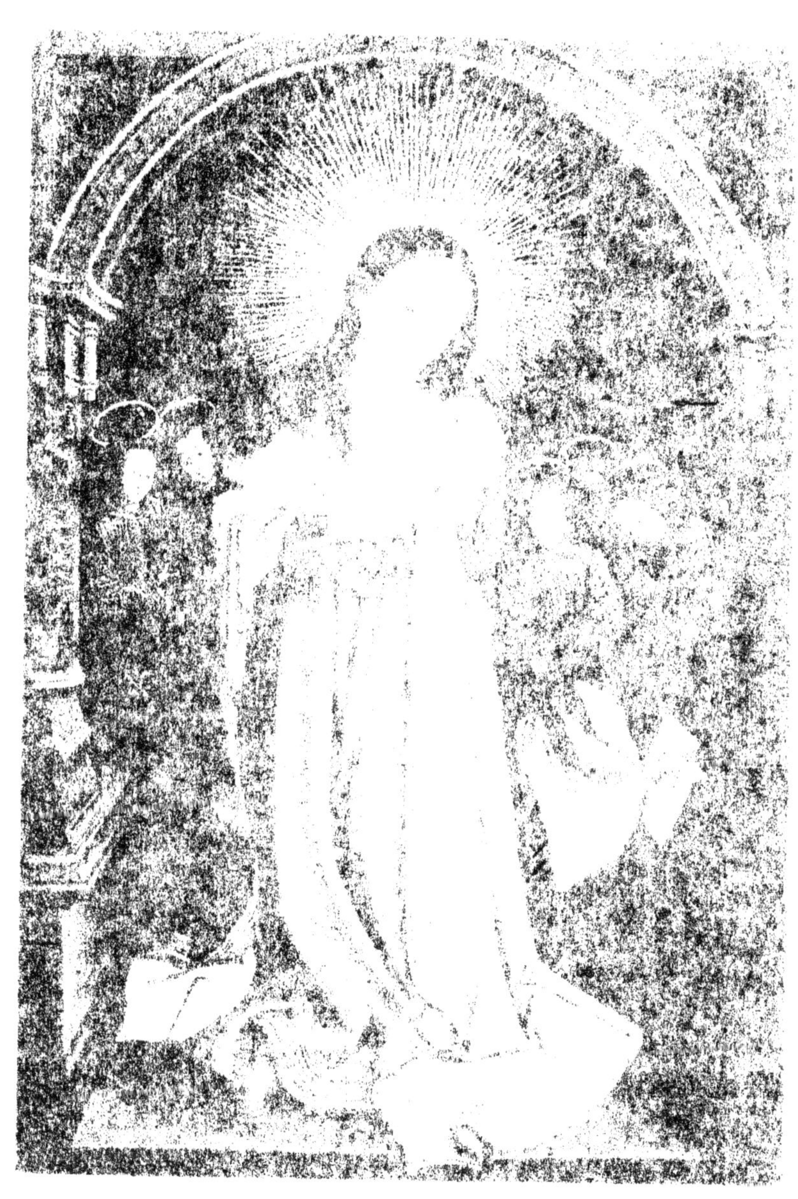

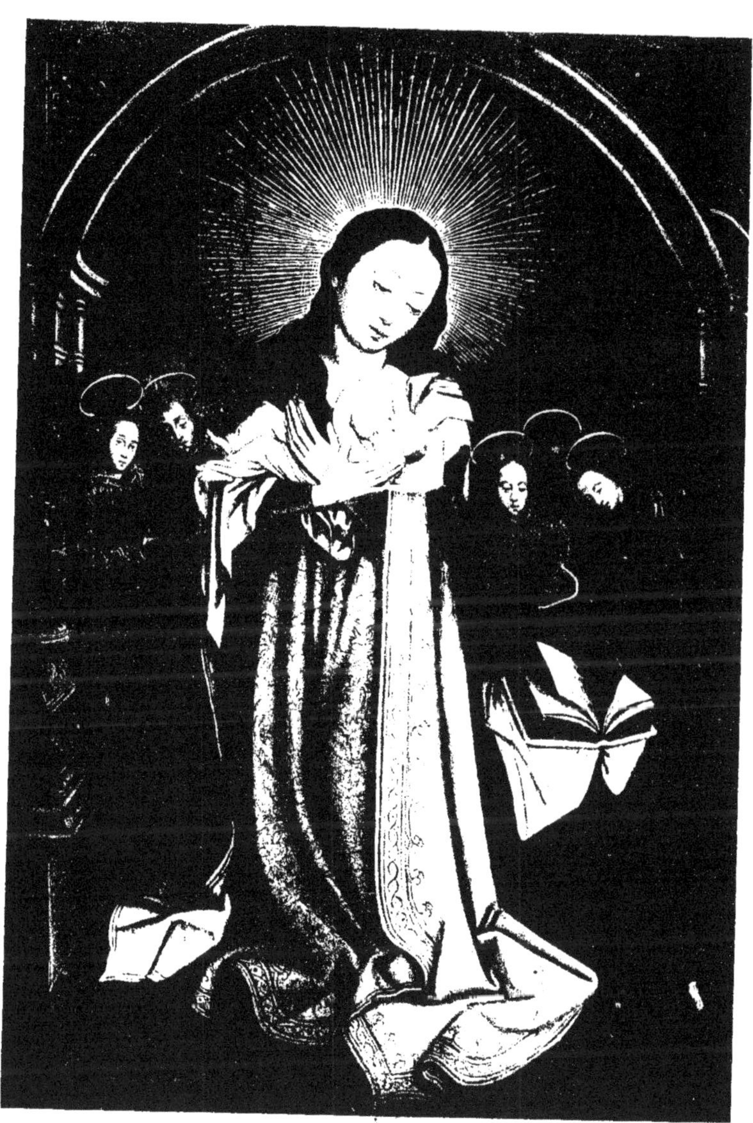

ÉCOLE PORTUGAISE

(XVIe siècle)

39 — *La Vierge entourée d'anges.*

Sous une arcade d'ordre architectonique, la Vierge est vue, portant l'Enfant Jésus dans ses bras et le contemplant, la tête légèrement penchée à droite. Elle est vêtue d'une stola d'étoffe rouge brochée et d'une palla de ton bleuté, presque blanc, à broderie d'or. Sa tête est entourée d'un rayonnement de gloire, tandis que les rayons derrière la tête de l'enfant affectent la forme d'un chrisme. A gauche et à droite de la Vierge, deux groupes d'anges du neuvième chœur sont occupés, l'un à chanter le cantique de la Vierge, l'autre à l'accompagner sur des instruments.

Panneau. Haut., 55 cent.; larg., 38 cent.

4

POTTER

(D'après PAUL)

(Copie ancienne)

40 — *Vaches au pâturage.*

Dans un pré qui se relève à gauche en une colline dominée par un château, deux vaches sont au pâturage : l'une, au poil blanc tacheté de roux, est vue de profil à gauche, l'autre, de couleur isabelle, est couchée dans l'herbe, la tête de face, le corps de trois quarts. A l'horizon, une clarté lumineuse dans le ciel et d'autres bêtes au pâturage ; à gauche, des oiseaux aux ailes blanches prenant leur vol dans le ciel ennuagé.

Panneau. Haut. 27 cent. 1/2 ; larg., 37 cent.

PRÉVOST LE JEUNE

41 — *Grenades, pêches et raisins.*

Toile. Haut., 24 cent. 1/2 ; larg., 33 cent

RIGAUD

(HYACINTHE)

42 — *Portrait de l'abbé Rollin.*

Il est représenté jusqu'à la poitrine, de trois quarts à droite, le visage très animé dans l'encadrement de la perruque poudrée. Son rabat blanc joue avec souplesse sur le noir de la soutane.

Signé à gauche, vers le milieu.

Toile. Haut., 61 cent. ; larg., 50 cent. 1/2.

SARTO

(École d'ANDRÉ DEL)

43 — *Sainte Famille.*

La Vierge est assise de trois quarts à gauche, tenant sur ses genoux l'Enfant Jésus dont la tête est vue de trois quarts à droite. A gauche, appuyé sur un balustre, saint Joseph est debout, vu de face, les bras ployés, la main gauche relevée près de l'épaule droite.

La Vierge est vêtue d'une stola rouge et d'une palla de tons violacés. Un voile qui épouse la tête en laissant à découvert les cheveux descend sur l'épaule gauche. L'Enfant a le torse enveloppé d'un lange blanc. Il se détourne du sein nourricier que lui offrait la Vierge.

Panneau. Haut., 1 m. 01 cent.; larg., 80 cent 1/2.

SENAVE

44 — *La Laitière endormie.*

C'est la mise en œuvre de la fable de La Fontaine. Tandis que la petite laitière dort près de sa vache dans l'étable, le seau de lait est renversé et un chat s'en régale.

Signé à gauche en bas : *Senave, 1788.*

Panneau. Haut., 23 cent. 1/2 ; larg., 19 cent. 1/2.

SENAVE

45 — *Cheval à l'écurie.*

Dans une écurie près d'un cheval blanc qui porte son harnais, un garçon de ferme semble jouer avec un jeune chien.

Signé à gauche en bas : *Senave, 1788.*

Panneau. Haut. 23 cent. 1/2 ; larg., 19 cent.

ÉCOLE VÉNITIENNE

(XVe siècle)

46 — *Saint Jérôme.*

Le Saint est agenouillé devant l'autel, drapé de pourpre cardinalice, et derrière lui on aperçoit le lion symbolique. Cette peinture permet une fois de plus de constater combien fut grande chez les quatrocentistes l'influence de l'art persan dont les Vénitiens eurent connaissance par les marchands qui traversaient l'Asie Mineure et passaient à Constantinople. Dans cette peinture, en effet, le caractère de la figure, la symbolisation du lion et jusqu'au décor mobilier de l'autel semblent échappés d'une miniature persane.

Panneau. Haut., 21 cent. 1/2; larg., 24 cent.

ÉCOLE VÉNITIENNE

(Fin du XVIIe siècle)

47 — *Les Magiciens.*

Toile. Haut., 19 cent. 1/2; larg., 24 cent.

VERBOECKHOVEN

(Attribué à)

48 — *Moutons au pâturage.*

Ils sont deux couchés aux soleil, de profil à gauche, et devant eux la vallée s'étend sous un ciel d'azur au devant duquel s'envolent de belles nuées blondes. A droite, une petite haie près d'une masure couverte de chaume.

Panneau. Haut., 25 cent. 1/2; larg., 35 cent.

VERROCHIO

49 — *Le Baptême du Christ.*

Au bord du Jourdain, Jésus reçoit le baptême des mains du précurseur, debout, tenant de la main gauche un bâton auquel est suspendu un philactère et tenant de la main droite levée la coquille qu'il a emplie de l'eau du fleuve. A gauche, agenouillé et assistant au baptême, deux anges du neuvième chœur. Au dessus de Jésus et planant dans le ciel, on aperçoit la colombe du Saint Esprit. Le fond est occupé par un paysage ensoleillé.

Panneau. Haut., 31 cent.; larg., 27 cent.

WINKEBOONS

(BREUGHEL)

50 — *La Tour de Babel.*

C'est une extraordinaire fantaisie d'architecture et de paysage : les peintres, qui ont créé cette œuvre si pleine de mouvement, si pittoresque, si amusante d'une infinité de détails, n'ont pris du récit de l'Ancien Testament que le côté concret : ils ont laissé à part la satire de l'humanité et ils ont vu cette tour de Babel, avec leur gaîté naturelle, la jovialité de leur race et leur imagination, formée d'industrieuses créations. Rien n'est plus spirituel que cette vie grouillante, synthétisée en une série d'épisodes dont la tour gigantesque domine et relie tous les éléments.

Panneau. Haut., 35 cent.; larg., 48 cent.

WYNANTS
(JAN)

51 — *Le Chemin le long du pré.*

A droite, le chemin tourne le long d'un pré et au bas d'un pli de terrain planté de grands arbres qui dressent vers le ciel plein de lumière leurs frondaisons touffues. A gauche, deux troncs d'arbre dépouillés se détachent sur cette vaste harmonie de lumière. Au fond, on aperçoit quelques toits de tuile rouge ainsi que le clocher d'une église. Sur le chemin, un homme monté sur un cheval blanc s'en vient, causant avec un piéton et suivi de deux chiens qui courent. Un troisième chien s'est arrêté sur le chemin.

Signé à droite en bas : *Jan Wynants.*

Haut., 29 cent.; larg., 36 cent.

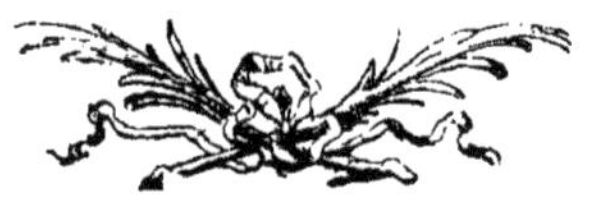

www.ingramcontent.com/pod-product-compliance
Ingram Content Group UK Ltd.
Pitfield, Milton Keynes, MK11 3LW, UK
UKHW022125170726
13837UKWH00003B/1362